Conrad K. Butler

MON PREMIER LIVRE DE VOITURE : À LA DÉCOUVERTE DES MARQUES ET DES LOGOS

ALFA ROMEO

Alfa Romeo est une prestigieuse marque italienne qui produit des voitures de sport. L'entreprise a été fondée par Alexandre Darracq en 1906 à Portello près de Milan, où se trouve aujourd'hui le siège social de l'entreprise. Tout au long de son histoire, elle a produit, entre autres, des trolleybus et des véhicules tout-terrain, mais ce sont les modèles sportifs qui ont rendu la marque très célèbre. Les modèles marqués du symbole QV (Quadrifoglio Verde - trèfle vert à quatre feuilles) garantissent notamment que le cœur bat plus vite. Alfa Romeo a été la première marque à utiliser, entre autres, l'injection directe de carburant à rampe commune (1997), le calage variable des soupapes (1980), un moteur à allumage commandé avec deux bougies d'allumage par cylindre (1914) et une boîte de vitesses à 6 rapports dans un modèle de série (1967).

Aston Martin Aston Martin est un constructeur britannique de voitures de sport et de luxe. Ces voitures se caractérisent par une ligne élégante, un équipement riche et une attention portée aux moindres détails. Le caractère unique est ajouté par le fait que toutes les voitures de la marque britannique sont assemblées à la main. La fiabilité de la fabrication est attestée par le fait qu'env. 75 % des voitures vendues sont encore utilisables. La plupart d'entre nous connaissent ces voitures exclusives grâce aux films sur les aventures de l'agent secret britannique James Bond. Non sans raison, car différents modèles d'Aston Martin sont "apparus" en 10 parties !

ASTON MARTIN

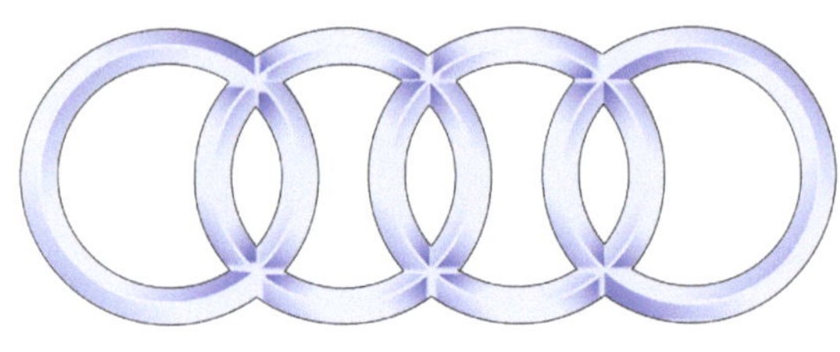

Audi commence son histoire au début du 20ème siècle lorsqu'en 1910 August Horch fonde son entreprise après de nombreuses complications. Les quatre anneaux symbolisent la fusion de 4 marques en 1932 : Audi, Horch, Wanderer et DKW. La devise bien connue de la marque « L'avantage grâce à la technologie » est apparue pour la première fois en 1971. À chaque étape, les ingénieurs allemands ont essayé de nous convaincre de l'exactitude de ce dicton. En mars 1980, à Genève, Audi a présenté la première voiture particulière au monde à 4 roues motrices : le modèle Quattro.

AUDI

Bentley est un constructeur britannique de voitures de sport de luxe basé à Cheshire, Crewe. Son fondateur en 1919 était Walter Owen Bentley, qui rêvait de construire une voiture de course imbattable dans sa catégorie. Il présente sa première voiture, la Bentley 3 Litre, en 1921, mais il lui faudra 3 ans pour voir son succès lorsqu'il remporte la course du Mans. En 1931, la marque est rachetée par Rolls-Royce. Les modèles d'après-guerre, à quelques exceptions près, n'étaient que des versions sportives de la Rolls-Royce jusque dans les années 1990.

BENTLEY

BMW est aujourd'hui l'une des marques automobiles les plus populaires. L'usine a été fondée en 1913 par Gustav Otto et Karl Rapp et a d'abord été impliquée dans la production d'avions et de motos. À cette époque, le logo de la société BMW a été créé, qui montre un cercle stylisé de l'hélice aux couleurs de la Bavière. Ce n'est qu'en 1929 que BMW construit sa première voiture produite en série : la BMW 3/15. L'entreprise doit son plus grand développement à Eberhard von Kuenheim. Il a rendu BMW importante non seulement en Europe mais partout dans le monde. Grâce à la sortie de modèles tels que le 3.0 CSL, la M1 ou la M3 E30 par le département BMW Motorsport, notre pouls s'est envolé plus d'une fois.

BMW

Bugatti est un constructeur français de voitures de sport et de course exclusives. Le fondateur de la marque en 1909 était Ettore Bugatti. Ses voitures ont remporté presque toutes les grandes courses avant la Seconde Guerre mondiale. Malheureusement, lorsque l'affaire éclata, Ettore fut contraint d'arrêter la production et, à la suite de sa mort en 1947, il n'y revint jamais. Pour réactiver la marque, l'Italien Romano Artioli fonde en 1987 la société Bugatti Automobili SpA à Campogalliano. Il y a une raison pour laquelle le modèle le plus reconnaissable aujourd'hui est la Veyron. La version Super Sport détient le titre de voiture de série la plus rapide.

BUGATTI

Buick est une marque américaine qui produit des voitures particulières de luxe. Elle a été fondée en 1903 par le designer et inventeur David Dunbar Buick à Détroit, où se trouve encore aujourd'hui le siège social de l'entreprise et est l'une des plus anciennes entreprises automobiles américaines encore en activité. L'un des premiers propriétaires de la marque fut, entre autres, William C. Durant. le créateur de la désormais grande entreprise General Motors, à laquelle appartient Buick. Dans l'offre de GM, il est positionné plus haut qu'Opel, mais plus bas que le produit phare Cadillac. Les trois écussons du logo de la marque font référence aux armoiries de la famille noble du fondateur de l'entreprise.

BUICK

Cadillac est un constructeur américain de voitures particulières de luxe. L'entreprise a été fondée par Henry Leland en 1902 à Détroit. Dès le début, la marque a attaché une grande importance à la qualité de la production, ce qui leur a été très rentable, car elle est encore aujourd'hui associée à la plus haute qualité et au luxe. Leurs voitures étaient conduites par des chanteurs, des acteurs et surtout des présidents américains. Les constructeurs américains ont fait preuve d'innovation presque à chaque étape, en installant leurs modèles pour la première fois, entre autres. éclairage électrique, démarreur électrique, moteur V8, climatisation et phares allumés depuis le tableau de bord.

CADILLAC

Chevrolet est une marque automobile américaine appartenant au groupe General Motors. Elle a été fondée par le pilote automobile et mécanicien suisse Louis Chevrolet et William Durant. Il existe de nombreuses versions du logo de l'entreprise, mais la plus probable est celle où Durant s'est inspiré d'un motif de papier peint dans un hôtel français où il a séjourné lors d'un voyage en 1908 et en a arraché un morceau pour le montrer à ses amis, pensant que cela le ferait. être une bonne marque de fabrique pour une marque automobile.

CHEVROLET

Chrysler est l'une des marques automobiles les plus populaires aux États-Unis. Elle a été fondée en 1925 par Walter Chrysler à Auburn Hills. Chrysler a connu plusieurs succès en matière d'innovation sur le marché automobile. En 1951, un prototype du moteur V8 Hemi a été créé et pendant de nombreuses années, Chrysler a connu un grand succès - en 1987, elle a acquis American Motor Corporation et en 1998, elle a fusionné avec Daimler-Benz. En plus des voitures particulières, l'entreprise produisait des SUV, des voitures de sport, des pick-up et des fourgonnettes.

CHRYSLER

Citroën est une marque française de voitures particulières, de fourgonnettes et de camions, fondée par l'ingénieur André Citroën en 1919. Elle est célèbre avant tout pour ses matériaux de haute qualité et ses solutions uniques – on peut dire qu'elle a toujours une longueur d'avance sur tout le monde. Beaucoup de ses voitures ont battu et continuent de battre des records de ventes, et cela ne veut rien dire : cette marque est utilisée dans votre secteur. Ce n'est pas sans raison que plusieurs de ses modèles ont reçu le titre prestigieux de « Voiture de l'année », parmi lesquels : GS (1971), CX (1975) ou XM (1990).

CITROEN

Dacia est un producteur roumain de voitures particulières et de camionnettes. L'entreprise a été fondée en 1966 (bien que ses origines remontent à 1943) à Pitesti, et son nom vient de « Dacia », le nom de la terre habitée par les ancêtres des Roumains. En 1999, la coopération avec Renault est renouvelée, qui rachète la majorité des actions de la marque roumaine. L'année décisive pour l'entreprise a été 2004, avec le lancement du modèle Logan.

Elle bat tous les records en termes de volume de production Dacia. Depuis, la marque roumaine connaît un renouveau, et ses nombreux modèles trouvent de nombreux clients à travers le monde.

DACIA

Dodge est une marque américaine qui produit des voitures particulières. Ses débuts remontent à 1897, lorsque les frères John et Horace Dodge fondèrent leur propre entreprise - Dodge Brothers Bicycle & Machine Factory, où étaient fabriqués des vélos et des pièces de machines. Un événement très important pour la marque fut le lancement de voitures équipées du moteur V8 HEMI dans les années 1950. Grâce à lui, la marque remporte de nombreux succès dans les courses de la classe NASCAR. En 1966, ils présentent la Charger, aujourd'hui considérée comme l'une des icônes de la marque. C'est ainsi qu'a commencé l'ère des « Muscle cars ».

DODGE

Ferrari est un constructeur italien de voitures de sport de luxe. Le siège social est situé dans la ville de Maranello. L'entreprise a été fondée en 1946 par le légendaire pilote automobile Enzo Ferrari de Modène. Le logo Ferrari présente un destrier noir, qui fait référence à l'emblème de l'avion de Francesco Baracca, pilote de la Première Guerre mondiale. Le constructeur a connu beaucoup de succès dans le sport automobile, notamment dans la série la plus prestigieuse – la Formule 1. Les voitures Ferrari ont établi la tendance dans le segment des super voitures de sport. Ils rivalisent sur le marché avec des marques telles que Lamborghini, Porsche, Aston Martin et Maserati.

FERRARI

FIAT est un constructeur italien de voitures particulières et de véhicules utilitaires (et dans le passé également de camions, de machines agricoles et d'avions). L'entreprise a été fondée en 1899 par Giovanni Aneglli à Turin. Un an plus tard, leur premier modèle, le 3 1/2 HP, sortait. La marque se développe rapidement et en 1939 elle compte déjà 5 usines. La marque est très populaire en Europe, notamment en Italie. Bien que Fiat propose bien entendu principalement des modèles de véhicules de tourisme et de véhicules utilitaires, l'entreprise italienne, et désormais italo-américaine, opère dans un nombre beaucoup plus large de secteurs. Les Italiens produisent également des tracteurs, des bus, des camions et, dans le passé, ils produisaient également des avions.

FIAT

Ford est une entreprise américaine qui produit des voitures particulières, des fourgonnettes et des camions. Elle a été fondée par l'une des personnes les plus importantes de l'histoire de la motorisation : Henry Ford en 1903 à Détroit. Un mois après sa fondation, la première voiture est construite – le modèle A, mais c'est le modèle 1908 T qui connaît un véritable succès. Plus de 15 millions d'exemplaires ont été produits pendant 19 ans, c'est pourquoi, en 1913, Ford a été le premier au monde à introduire la production de masse, grâce à laquelle une nouvelle voiture sortait des chaînes toutes les 10 secondes. En 1964, les Américains ont créé l'une des voitures les plus reconnaissables au monde : la Mustang. De lui est né le terme « Pony car », une voiture avec une carrosserie compacte, un design sportif et un moteur puissant.

FORD

GMC est une entreprise américaine qui produit des véhicules utilitaires sport, des SUV et des camions. Les origines de la marque remontent à 1902, lorsque la Rapid Motor Vehicle Company a été fondée par Maks Grabowski, l'un des premiers constructeurs de camions. Pendant la guerre, leur modèle CCKW (d'une capacité allant jusqu'à 2,5 tonnes !) était l'un des camions de base de l'armée américaine. Pendant longtemps, les modèles portaient de tels marquages sur leur carrosserie, jusqu'à ce qu'en 1996, il soit finalement décidé de supprimer le mot Truck du nom.

GMC

Honda est une marque japonaise qui produit des voitures particulières, des camionnettes, des motos et des moteurs pour différents types de machines de construction et agricoles. Elle a été créée en 1948 à l'initiative de Soichiro Honda à Tokyo. Le premier véhicule de la marque était un vélo propulsé par un moteur de 50 cm3. La moto suivante a été lancée un an plus tard. Elle n'a commencé à produire des voitures Honda qu'en 1953 – la première était la T360. En 1971, la Honda Gold Wing a été introduite – la première moto avec marche arrière. Un an plus tard, les Japonais décident de lancer la première voiture compacte produite en série : la Civic. Elle a connu un énorme succès commercial et 9 générations de cette voiture ont été fabriquées à ce jour.

HONDA

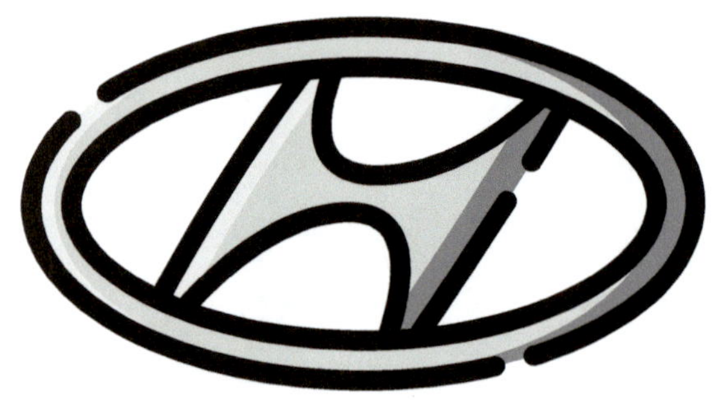

Hyundai est une entreprise automobile sud-coréenne. Ses origines remontent à 1947, lorsque Chung Ju-Yung fonda Hyundai Engineering and Construction (alors la plus grande entreprise de construction).
Ce n'est que 20 ans plus tard que la Hyundai Motor Company fut fondée pour produire des voitures. Le nom signifie modernité dans la langue maternelle (Hyeondae) et le logo symbolise la poignée de main de deux personnes. La première voiture a été construite un an plus tard. Elle s'appelait Cotina et était basée sur le modèle Ford – Cortina. Le Pony fut leur premier véhicule auto-construit (1974), mais la collaboration avec Ford se poursuivit jusqu'en 1985. L'entreprise développe et modernise constamment sa gamme de véhicules, en se concentrant principalement sur leur fonctionnement sans panne.

HYUNDAI

Infiniti est une marque japonaise de voitures de luxe appartenant à Nissan. Son histoire commence en 1985 lorsque naît l'idée de créer une marque de luxe de toutes pièces. Le nom a été choisi 2 ans plus tard, il signifie « infini ». En fait, la création de la marque était la réponse de Nissan à l'Acura (Honda de luxe). La première voiture Infiniti est entrée sur le marché en 1989, tout comme le premier modèle Lexus, une version exclusive de Toyota. Au départ, les Japonais vendaient leurs voitures uniquement sur le marché nord-américain.

INFINITI

Jaguar - Marque britannique de voitures particulières de luxe, fondée en 1922 par Sir William Lyons, mais initialement appelée Swallow Sidecar Company et vendait des side-cars de motos.
La première voiture lyonnaise, la limousine deux portes SS1, fait son entrée sur le marché en 1932. Dans les années 1950, la marque commence à participer à des courses automobiles, dont les 24 Heures du Mans. Un an après la présentation de la voiture de sport typique, la XK120C, Jaguar remporte sa première victoire au Mans et la collaboration avec Dunlop aboutit à la création de freins
à disque, qui se révèlent être la recette parfaite pour de nouvelles victoires. De plus, la marque a triomphé encore 5 fois en France.

JAGUAR

Jeep est une marque américaine de voitures tout-terrain, produite par la société Willys depuis 1941. Au début, ils produisaient leurs véhicules pour l'armée, et après la guerre, ils ont commencé à vendre des voitures civiles. Le prototype - Willys Quad a été construit en seulement... 49 jours ! À ce jour, c'est l'un des véhicules les plus populaires de la Seconde Guerre mondiale. En 1950, la société Willys réserve le nom de la Jeep, mais le premier modèle civil apparaît en 1945 : la CJ2A. En 1962, le constructeur américain introduisait la première transmission automatique dans un véhicule 4x4. C'était également le premier modèle 4x4 avec suspension indépendante aux roues avant, mais les plus populaires étaient le Wrangler et le Grand Cherokee.

JEEP

KIA est la plus ancienne entreprise automobile coréenne qui produit des voitures particulières et des fourgonnettes. Elle a commencé son activité en 1944, mais elle a ensuite opéré sous le nom de Kyungsung Precision Industries et s'est impliquée dans la production de pièces de bicyclettes. Avant la sortie de leur premier véhicule utilitaire en 1962, le K-360, les Coréens produisaient également des motos. En 1997, l'entreprise était au bord de la faillite. C'est alors que Hyundai est venu à la rescousse, en rachetant des actions Kia deux ans plus tard et en créant la société Hyundai – le Kia Automotive Group. Actuellement, la marque se développe de manière dynamique et devient un concurrent potentiel pour les marques renommées d'Europe occidentale.

KIA

Lamborghini est une marque italienne qui produit des voitures de sport de luxe ainsi que des tracteurs agricoles. L'entreprise a été fondée en 1948 par Ferruccio Lamborghini, qui a d'abord fait fortune dans la production de tracteurs. On sait depuis longtemps que le plus grand rival de Lamborghini est une autre marque italienne – Ferrari. L'idée de créer une supercar est née après la dispute de Ferrucci avec Enzo Ferrari. Lamborghini, en tant que personne riche, conduisait une voiture avec un cheval noir sur le capot. Cependant, il n'était pas entièrement satisfait de lui et lorsqu'il suggéra quelques changements à Enzo, il se moqua de lui. Ainsi, en 1963, une Lamborghini 350 GTV avec un moteur V12 fut créée, qui surpassait les voitures de Modène. 3 ans plus tard, Miura est fondée, ce qui rend la marque célèbre dans le monde entier. Elle était vicieuse et difficile à conduire mais captivait par son élégance et ses lignes subtiles.

LAMBORGHINI

LANCIA

Lancia - une marque italienne de voitures particulières, fondée en 1906 à Turin par Vincenzo Lancia et Claudio Fogolina. Le modèle Lambda, créé en 1922, fut le premier grand succès commercial de Lancia. Parmi les solutions innovantes apparues, d'autres carrosseries autoportantes et suspension indépendante aux roues avant. L'Astura (1931) était équipée d'une suspension moteur qui réduisait la transmission des vibrations à la voiture, et l'Augusta de 1933 était la première berline équipée de freins hydrauliques. Les modèles Lancia étaient connus dès le début pour leur élégance et leurs lignes sensuelles. Les amateurs d'automobile se souviendront particulièrement de modèles comme la Stratos, la 037 ou la Delta, auxquels la marque doit de nombreux succès en sport automobile et qui reste l'équipe la plus titrée de l'histoire du WRC.

Land Rover est une marque britannique de véhicules tout-terrain fondée en 1948. Initialement, leurs modèles étaient produits par Rover, mais en 1975, Land Rover est devenu une marque indépendante. Le premier modèle était la Série I, exportée dans 70 pays. Il devait être utilisé dans l'agriculture et l'industrie légère, mais l'armée l'utilisait également. Dix ans plus tard, la deuxième génération de ce modèle apparaît et, en 1985, une troisième est fabriquée. Son successeur était le célèbre Defender. Le premier Range Rover est né en 1970. Il était mieux équipé et disposait d'un moteur V8 de 3,5 litres qui lui permettait d'accélérer jusqu'à 160 km/h (100 mph). Les modèles les plus reconnaissables aujourd'hui, outre le Defender, sont le Discovery (créé en 1988) et le Freelander (1997).

LAND ROVER

LEXUS

Lexus - Marque japonaise de voitures particulières de luxe appartenant à Toyota. En 1983, le président de l'entreprise du Pays du Soleil Levant annonce un projet visant à créer une gamme exclusive de voitures capables de concurrencer les limousines d'Europe occidentale. La première voiture de sport de Lexus, le modèle SC équipé d'un moteur V8 de 4 litres, a été lancée deux ans plus tard, et le véhicule utilitaire sport LX, basé sur le Toyota Land Cruiser, en 1996. En 2006, l'entreprise a été la première à installer un système de stationnement automatique dans son modèle phare LS. Les Japonais ont charmé le jury international avec le spectacle, où le même modèle s'est garé entre les piliers sertis de coupes de champagne sans l'aide du conducteur et ont décidé de lui attribuer le titre de World Car Of The Year 2007.

Lincoln est une marque américaine qui produit des voitures particulières de luxe. Elle a été fondée en 1917 par Henry Leland en hommage au président Abraham Lincoln. En 1922, Lincoln a été rachetée par Ford, étant à ce jour la marque la plus luxueuse du groupe Ford et le plus grand concurrent de Cadillac de GM. En 1939, le légendaire modèle Continental est créé, qui compte jusqu'à 9 générations ! C'est également là que le président américain John F. Kennedy a été abattu en 1963. Continental a remplacé le modèle Town Car en 2002. Le premier SUV de la marque, l'un des modèles Lincoln les plus reconnaissables aujourd'hui, le modèle Navigator, a été présenté en 1998, et son troisième génération est produite depuis 2007.

LINCOLN

Lotus est un constructeur automobile britannique qui produit des voitures de sport et de course. Elle a été fondée en 1952 par Colin Chapman, l'un des concepteurs de voitures de sport les plus acclamés de l'histoire. La marque est devenue populaire grâce à la participation à des courses de Formule 1. Lotus y a concouru sans interruption pendant 60 ans, à partir de 1954, remportant sept fois le championnat du monde. Les voitures britanniques se caractérisent par une fabrication simple, une excellente maniabilité et un faible poids. Les modèles les plus célèbres de la marque sont Esprit (1976–2004 ; connu, entre autres, du film de James Bond), Elise – produite depuis 1995, Exige – une version plus puissante d'Elise et Evora, entrée sur le marché en 2008.

LOTUS

Maserati – une entreprise italienne qui produit des voitures de sport et de course. Les origines de la marque remontent à 1914, lorsque l'un des six frères de la famille Maserati, Alfieri, établit son atelier à Bologne, Officine Alfieri Maserati. Bientôt, le reste des frères le rejoignit, à l'exception d'un seul, Mario, devenu artiste et à qui on attribue la conception du logo de la marque. Il s'est inspiré de la fontaine de Neptune de sa ville natale. En 1958, le premier modèle routier Maserati est produit – la 3500 GT, et le premier modèle à quatre portes – la Quattroporte en 1963. Les modèles les plus populaires de la marque sont, entre autres, la Quattroporte à six générations et la GranTurismo.

MASERATI

MAZDA

Mazda est une marque japonaise qui produit principalement des voitures particulières. L'entreprise est issue de la petite entreprise Toyo Kogyo Co. fondée en 1920 par Jyujiro Matsuda. Dans les années 1960, Mazda a commencé à expérimenter un moteur Wankel dans lequel un piston tournait à l'intérieur d'un cylindre. Ainsi, en 1967, leur premier modèle avec le même vélo fut créé : le 110S Cosmo. En 1978, le modèle RX-7 fait ses débuts, qui connaît un grand succès et atteint la 3ème génération. Ce dernier est particulièrement apprécié par les tuners du Japon et des États-Unis. Son moteur d'une cylindrée de seulement 1,3 litre et à l'aide de 2 turbocompresseurs générait jusqu'à 280 CV en série ! Mazda a connu l'un de ses plus grands succès lorsqu'elle a présenté au monde le MX-5 en 1989, un petit roadster biplace.

McLaren Automotive (anciennement McLaren Cars) est une division de la société britannique McLaren Group, spécialisée dans la production de voitures de sport basées sur la technologie de Formule 1. Elle a été fondée en 1989 par Ron Dennis à Woking, mais l'équipe de course de Formule 1 a été créée en 1963. La première voiture civile McLaren était le modèle F1, présenté en 1991. Elle était équipée d'un moteur V12 d'une puissance de 627 chevaux. HP, elle ne disposait pas de système de direction assistée, d'assistance au freinage ou d'antipatinage. Tout cela est fait pour obtenir le plus de lumière possible. Il lui fallait environ 3 secondes pour atteindre 100 km/h (60 mph) et en 2005, elle détenait le titre de voiture de série la plus rapide – elle accélérait à 386 kmh (239 mph). La marque est en concurrence avec Ferrari, Porsche et Lamborghini.

MCLAREN

Mercedes-Benz est une marque allemande de voitures produites par la société Daimler AG. Les voitures particulières, les fourgonnettes, les camions et les bus sont produits sous l'insigne de l'étoile à trois branches. Ses débuts remontent à 1883, lorsque Karl Benz, Max Rose et Fredrich W. Esslinger fondèrent Benz & Co. Le nom Mercedes vient du nom de Mercedes Jellinek, fille d'Emil Jellink, représentant de Daimler. Les chemins des entreprises Benz et Daimler ont convergé à la suite des changements survenus dans l'économie allemande et l'entreprise Daimler-Benz a été officiellement créée en 1926. Mercedes se distingue avant tout par la qualité, l'innovation et la sécurité, c'est pourquoi elle est considérée comme l'un des les marques les plus prestigieuses au monde.

Mitsubishi est une entreprise japonaise fondée en 1870 par Yataro Iwasaki. dans l'industrie aéronautique, l'industrie de la défense et ce qui nous intéresse le plus : l'automobile. Le nom signifie « 3 diamants » en japonais et cela se reflète dans son logo. Les amateurs d'automobile sont particulièrement amis de la version sportive de la Lancer, Evolution, qui rivalise depuis des années avec une autre légende, la Subaru Impreza, au Championnat du monde des rallyes. Le populaire « EVO », n'est cependant apparu sur le marché qu'en 1992, a vu sa 10e génération et sa fin en 2015.

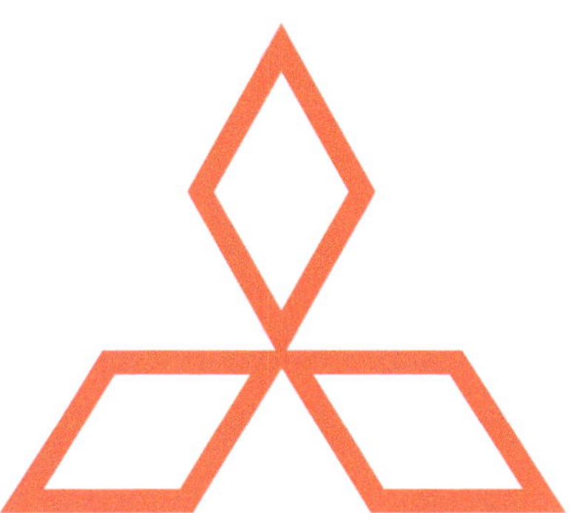

MITSUBISHI

NISSAN

Nissan est un constructeur japonais de voitures particulières, de camions et d'autobus appartenant à Nissan Motor Co. Les origines de la marque remontent à 1911, lorsque Masujiro Hashimoto fonde la société Kwaishinsha à Tokyo. Ce n'est qu'en 1934 que l'entreprise change son nom pour Nissan. Après la guerre, l'entreprise a été plongée dans une crise, dont les préoccupations ont émergé en coopération avec le britannique Austin. Peu de temps après, Nissan est devenu le deuxième constructeur automobile au Japon. En 1989, Nissan a lancé sa marque de luxe pour le marché américain : Infiniti. Depuis 1999, les Japonais coopèrent avec le français Renault. Les modèles Nissan les plus populaires sont les Micra, Qashqai, Skyline (particulièrement appréciés des préparateurs et des drifters) et son successeur, la GT-R.

Opel est l'une des marques automobiles allemandes les plus populaires. L'entreprise a été fondée par Adam Opel en 1862 à Rüsselheim. Au début, elle produisait des machines à coudre, puis plus tard également des vélos. Après le décès du fondateur en 1895, l'entreprise est reprise par sa femme et ses cinq fils. Après 4 ans, la première Opel-Patent-MotorWagen était produite sur un châssis de Friedrich Lutzman. Le premier modèle Opel de ce type a été fabriqué en 1902 – le modèle 10/12PS. En 1989, Opel a été le premier constructeur en Europe à introduire un pot catalytique en équipement standard. Les modèles les plus populaires de la marque allemande étaient entre autres Kadett, Corsa, Vectra et Omega. En Grande-Bretagne, les modèles Opel sont vendus sous le nom de Vauxhall et en Australie, Holden.

OPEL

PEUGEUOT

Peugeot est une entreprise française qui fabrique des voitures, des scooters et des vélos, ainsi que dans le passé des camions et des motos. Elle a été établie à Sochaux et a été fondée par Jean Pierre Peugeot. La première voiture, la Serpollet-Peugeot, équipée d'une machine à vapeur, est apparue en 1889, mais ce n'est que le véhicule à moteur à combustion interne Daimler présenté en 1891 qui s'est avéré être la bonne décision. En 1929, le modèle 201 débute une série de marquages à trois chiffres avec un zéro au milieu. Le premier chiffre indique la classe et le dernier chiffre la série suivante. En 1948, sort le premier modèle Peugeot 203 d'après-guerre, qui sera produit jusqu'en 1960. En 1959, un ventilateur de radiateur est utilisé pour la première fois, préparant les voitures aux embouteillages à venir.

Porsche est un constructeur allemand de voitures de sport basé à Stuttgart. Le fondateur de l'entreprise était Ferdinand Porsche en 1931. Le premier véhicule portant son nom a été créé dès 1938, mais la première voiture produite en série avec le logo Porsche a été fabriquée en 1948 : le modèle 356. Le modèle Porsche le plus populaire, la 911, a été fabriqué en 1963. La voiture s'est avérée être un succès mondial, remportant un succès non seulement commercial mais également sportif. La 911 a été la première voiture à remporter le célèbre rallye Paris-Dakar sans être une voiture tout-terrain. Actuellement, c'est l'une des voitures les plus reconnaissables de la marque. On a tenté de reproduire le succès de la 911 avec des modèles tels que les 924/944, 928 et 968, mais aucun d'entre eux n'a réussi.

PORSCHE

RENAULT

Renault est une marque automobile française qui produit des voitures et des camions. L'entreprise a été fondée en 1899 par les frères Louis, Fernand et Marcel Renault. Bientôt, d'autres modèles furent créés, avec déjà des unités conçues par les propriétaires de l'entreprise. Le premier modèle d'après-guerre était la 4CV, et en 1961, elle a été remplacée par le modèle 4 le plus longtemps produit (jusqu'à 28 ans). La Renault 16, quant à elle, était le précurseur des modèles familiaux actuels. C'est la première voiture Renault à remporter le titre de Voiture de l'année en 1966. C'est également la première voiture au monde dotée d'une carrosserie à hayon.

Les titres de Voiture de l'année ont également été remportés par les modèles Clio (1991 et 2006) et Scenic (1996). Les ceintures de sécurité sont installées de série sur tous les modèles depuis 1970.

Rolls-Royce est un constructeur anglais de limousines de luxe. L'idée d'une collaboration entre Charles Rolls et Henry Royce est née en 1904 lors d'un déjeuner. Dès le début, la marque s'implique également dans la production de moteurs d'avions, ce qui contribue à la division de la marque en deux branches en 1973. En 1906, le modèle Silver Ghost est conçu. Il était équipé d'un moteur six cylindres à soupapes en bas de 7 litres d'une puissance inférieure à 50 CV. Un trait caractéristique de la marque anglaise est une statuette sur le capot – Spirit of Ecstasy, synonyme de richesse et de qualité supérieure. Dans les derniers modèles, pour des raisons de sécurité, il est caché par un bouton spécial sous le rabat. Aujourd'hui, Rolls-Royce est considérée comme l'une des marques les plus exclusives et luxueuses au monde.

ROLLS-ROYCE

SEAT

SEAT est une marque espagnole de voitures particulières. Elle a été fondée en 1950 par l'Institut national de l'industrie, un organisme bancaire, et le groupe Fiat. Le premier modèle était le 1400 et sa production débuta en 1953 à Barcelone. En 1980, Fiat a vendu ses actions à l'Institut national de l'industrie, faisant de Seat le premier constructeur automobile indépendant d'Espagne. À cette époque, la gamme de modèles a été fortement modernisée et des modèles tels que Ibiza, Marbella et Malaga sont apparus. En 1986, Volkswagen rachète 51 % des actions de Seat. Dans les années 1990, ils s'élèvent à 99 %, lorsque sont apparus les premiers modèles conçus, dans lesquels la technologie allemande était cachée sous la carrosserie par Giugiaro.

Skoda est une entreprise tchèque produisant des voitures particulières. Les origines de la marque remontent à 1895, lorsque le mécanicien Vaclav Laurin et le comptable Vaclav Klement fondèrent l'entreprise Laurin & Klement produisant des vélos et, à partir de 1898, également des motos. Ils ont construit leur premier prototype de voiture en 1901 et la production en série a duré 27 ans. En 1964, Škoda a lancé une voiture familiale : le modèle 1 000 MB. Son moteur était situé à l'arrière - l'expérience de voitures telles que la Fiat 600 ou la Porsche 356 a été utilisée ici. La coopération avec Volkswagen a débuté en 1991, lorsque Škoda a rejoint le groupe de la marque allemande. Le premier modèle de la marque tchèque à utiliser la technologie allemande fut Felicia en 1994.

SKODA

Subaru est une marque japonaise de voitures particulières et de camionnettes de livraison. L'histoire de l'entreprise commence en 1953 lorsqu'après la guerre, 6 entreprises furent regroupées en une seule appelée Fuji Heavy Industries, symbolisée par 6 étoiles dans le logo de l'entreprise. En 1954, le premier prototype s'appelait P-1, et un an plus tard, le modèle s'appelait 1500. En 1992, la célèbre Impreza était présentée. Colin McRae, au volant, a remporté à plusieurs reprises le titre mondial des rallyes, et la Subaru Impreza est ainsi devenue un élément indissociable des rallyes. Grâce à eux, le modèle a gagné en popularité dans le monde entier.

SUBARU

Suzuki est une marque japonaise de voitures particulières, de camions, de motos et de moteurs. L'entreprise a été fondée en 1909 lorsque Michio Suzuki a fondé une usine de matériel de tissage dans la ville balnéaire de Hamamatsu. Après presque 30 ans, Michio s'est rendu compte que son entreprise devait également se développer dans d'autres domaines, c'est pourquoi en 1937 il a commencé à concevoir la voiture et après 2 ans, il avait quelques prototypes. 1970 est une année importante pour la marque. Ensuite, la première génération du modèle tout-terrain Jimmy, qui a connu un succès mondial, a été présentée en première. En 1983, commence la vente de la voiture particulière Swift d'un litre, qui connaît un grand succès sur le marché.

SUZUKI

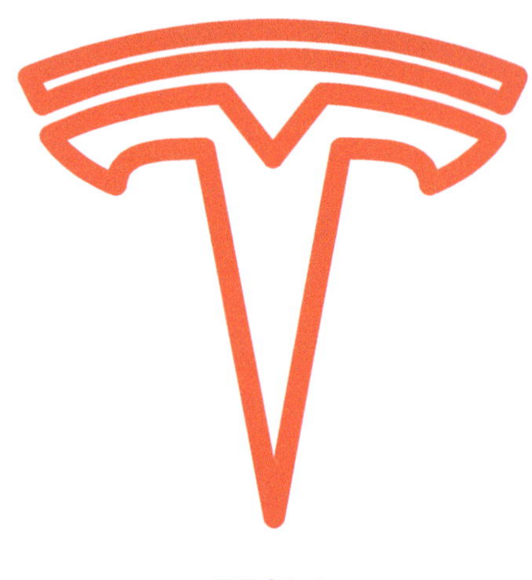

TESLA

Tesla est une marque américaine de voitures électriques de luxe et de sport. Le nom de l'entreprise vient du nom de Nikola Tesla, un ingénieur serbe et inventeur de nombreux appareils électriques. L'entreprise a été fondée en 2003 par Elon Musk.

En 2008, il a été mis en production. Ses performances rivalisaient avec celles de nombreux véhicules de sport à essence. Un an plus tard, un véhicule avec une carrosserie liftback est présenté.

Avec une seule charge, il devait pouvoir parcourir une distance de 300 miles tout en offrant des performances sportives.

Sa production a débuté en 2012 et le véhicule s'appelait Model S. L'entreprise gagne de plus en plus en popularité en raison de l'électrification de l'industrie automobile.

Toyota est une marque automobile japonaise fondée par Sakichi Toyoda en 1918 et son entreprise opérait initialement dans l'industrie de l'habillement. Le département automobile a été créé en 1933 et le premier prototype a été créé deux ans plus tard. En 1966, la première génération de l'un des modèles les plus populaires de la marque, la Corolla, est créée. En 2013, la 11ème génération de ce modèle a été présentée. En 1992, la quatrième génération du module sportif Supra a été créée, particulièrement appréciée des préparateurs. En 2014, Toyota a lancé la Mirai, la première voiture à pile à hydrogène de production au Japon. En 2015, il est également apparu dans certains pays européens. Toyota est l'un des plus grands constructeurs automobiles au monde. Elle possède également les marques Lexus et Daihatsu.

TOYOTA

VOLKSWAGEN

Volkswagen est une marque allemande de voitures particulières et de fourgonnettes appartenant au groupe Volkswagenwerk Aktien-Gesellschaft (VAG). Son histoire commence en 1931 lorsque la société Zündapp demande à Ferdinand Porsche de créer une voiture bon marché. En 1934, sur ordre d'Adolf Hitler, Ferdinand présenta le premier modèle de la légendaire Coccinelle. C'était censée être une voiture familiale bon marché, et Hitler l'a baptisée « la voiture du peuple ».
En 2003, lorsque sa production a été officiellement interrompue, plus de 21,5 millions d'exemplaires avaient été réalisés. En 1973, un autre modèle très populaire est présenté : la Passat. Juste après lui, le Golf fait ses débuts. Elle était censée répéter le succès de la Beetle, et elle l'a fait. Le groupe Volkswagen comprend des marques telles que Audi, Skoda, Seat, Porsche, Lamborghini, Bugatti et Bentley.

Volvo est une marque suédoise de voitures particulières, de camions, d'engins de construction et de moteurs. Leur première voiture fut la ÖV4, dont la production commença en 1927. Les fondateurs souhaitaient que leurs véhicules soient de haute qualité et techniquement avancés. En 1966, le modèle 144 a été créé, considéré comme la voiture la plus avancée technologiquement au monde. La voiture avait des zones de déformation contrôlées, des freins à disque sur toutes les roues et des ceintures de sécurité apparaissaient également sur la banquette arrière. En 1999, la moitié des droits de Volvo ont été repris par Ford et, 11 ans plus tard, le nouveau propriétaire de Volvo Car Corporation était le chinois Geely. Les modèles actuellement produits portent une lettre devant le numéro qui indique le type de carrosserie du véhicule : C - cabriolet ou coupé ; S - berline ; V - break ; XC - modèle tout-terrain.

vérifiez également :

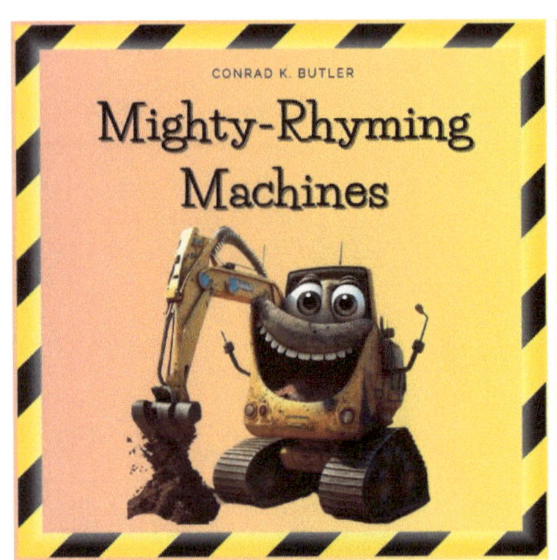

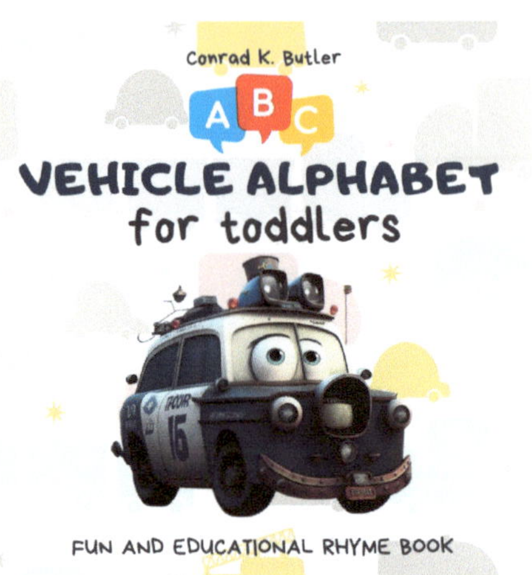

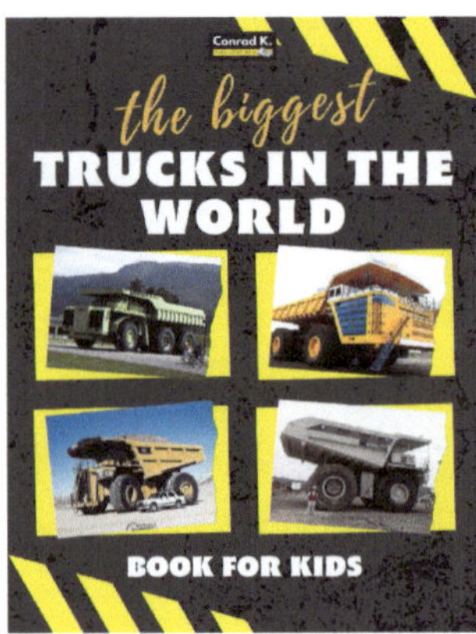

et beaucoup plus!

f /conradpublishing